BEI GRIN MACHT SICH IHR WISSEN BEZAHLT

AF148377

- Wir veröffentlichen Ihre Hausarbeit,
  Bachelor- und Masterarbeit

- Ihr eigenes eBook und Buch -
  weltweit in allen wichtigen Shops

- Verdienen Sie an jedem Verkauf

Jetzt bei www.GRIN.com hochladen und kostenlos publizieren

Torsten Montag

bwl24.net - Schriftenreihe

Band 8

Übungsaufgaben zu Investition und Finanzierung IV - mit Lösungen

GRIN Verlag

Bibliografische Information der Deutschen Nationalbibliothek:

Die Deutsche Bibliothek verzeichnet diese Publikation in der Deutschen National-
bibliografie; detaillierte bibliografische Daten sind im Internet über http://dnb.d-
nb.de/ abrufbar.

Impressum:

Copyright © 2006 GRIN Verlag GmbH
Druck und Bindung: Books on Demand GmbH, Norderstedt Germany
ISBN: 978-3-638-93002-4

Dieses Buch bei GRIN:

http://www.grin.com/de/e-book/50523/uebungsaufgaben-zu-investition-und-
finanzierung-iv-mit-loesungen

Übungsaufgaben Investition und Finanzierung IV
- mit Lösungen -

Folgende Themengebiete werden innerhalb der Aufgaben behandelt:

Finanzinnovationen

1. Modifikationen der traditionellen Anleihe
1.1. floating rate note
1.2. zerobond
1.3. stripped bonds

2. Anleihen in Verbindung mit swap – Geschäften
2.1. interest rate swaps
2.2. currency swaps

3. financial futures
3.1. interest rate futures
3.2. currency futures
3.3. Aktienindex-Future

4. Optionen
4.1. Optionsgeschäft in Aktien
4.2. Devisenoptionsgeschäft

5. Optionsscheine

Aufgabe 1)

Untersuchen Sie die Vorteilhaftigkeit bzw. das Abschneiden der folgenden Anleihen für einen Zeitraum von 10 Jahren aus Sicht eines Unternehmens, welches als Schuldner am Markt auftritt:

- eine Festzinssatzanleihe
- eine Floatingratenoteanleihe (FRN – Anleihe)
- eine Cap – Anleihe

Weitere Daten:

Festzinssalzanleihe: Nominalzinssatz 5,45% p.a.
FRN – Anleihe: halbjährliche Zinsanpassung, gekoppelt an den 6 – Monats – Euribor
Cap – Anleihe: Zinsobergrenze von 5,95%, halbjährliche Zinsanpassung an den 6 – Monats – Euribor plus Cap – Prämie von 0,5%

Ermitteln Sie für eine Anleihe in Höhe von 1 Mio. EUR, welche der obigen Möglichkeiten für das Unternehmen zu den geringsten Zinskosten führt? Die Entwicklung des Euribor vollzieht folgendermaßen:

Zeitpunkt	Euribor in %	Zeitpunkt	Euribor in %
01.01.00	2,55	01.01.05	8,00
30.06.00	2,00	30.06.05	6,50
01.01.01	1,80	01.01.06	4,80
30.06.01	1,10	30.06.06	3,00
01.01.02	2,55	01.01.07	3,00
30.06.02	3,50	30.06.07	4,30
01.01.03	6,20	01.01.08	4,30
30.06.03	7,00	30.06.08	3,50
01.01.04	7,70	01.01.09	2,70
30.06.04	11,00	30.06.09	2,70

Aufgabe 2)

Ein Investor kann eine variabel verzinsliche Bankschuldverschreibung (Nominalbetrag: 1 Mio. EUR), welche in vier Jahren getilgt wird und mit folgendem Kupon ausgestattet ist kaufen: 12 – Monats – Euribor, jährlich am 1.7.

Da der Anleger einen Rückgang des allgemeinen Zinsniveaus nicht ausschließen kann, erwägt er, den in nachstehender Tabelle beschriebenen Floor – Floater anzuschaffen:

Referenzzinssatz	12 – Monats – Euribor
Zahlungstermin	jährlich am 01.07.
Gesamtlaufzeit	4 Jahre
Zinsuntergrenze	4%
Volumen	1 Mio. EUR
Zinsabschlag	1% pro Jahr

Für welche Zinsstrategie sollte sich der Anleger entscheiden, wenn der Euribor bei 0,0%; 1,0%; 3,0%; 5,0%; 7,0% und 11,0% liegen würde?

Stellen Sie die sich ergebenden Ergebnisse in einem Diagramm dar!

Aufgabe 3)

Eine Nullkuponanleihe wird unter den folgenden Bedingungen begeben:

- Rückzahlungsbetrag: 100.000 EUR
- Zinssatz: 5,75%

- Laufzeit: 10 Jahre
- Marktzinssatz: 5,75%

   a) Ermitteln Sie den Auszahlungsbetrag des Investors!
   b) Welcher Kurswert der Nullkuponanleihe ergibt sich, wenn sich nach 4 Jahren ein Marktzinssatz von 5,15% herausbildet bzw. der Marktzinssatz unverändert bleibt?
   c) Wie hoch ist der Kursgewinn, wenn der Zero – Bond nach 4 Jahren zu dem höheren Kurswert verkauft wird?
   d) Ermitteln Sie die Kursvolatilität und interpretieren Sie diese!
   e) Bestimmen Sie den steuerlichen Ertrag, wenn der Investor als Privatperson die Nullkuponanleihe vor Ablauf der Laufzeit verkauft! Es ist von den folgenden Bedingungen auszugehen:

- Emissionsdatum: 01.04.2000
- Kauf: 18.04.2000
- Verkauf: 10.03.2003

Aufgabe 4)

Eine Bank und ein Industrieunternehmen sind Partner in einem Zinsswapgeschäft. Beide haben einen Fremdkapitalbedarf von 10 Mio. EUR. Die Bank ist an einem variablen Zinssatz interessiert, während das Unternehmen einen Festzinssatz anstrebt. Für die Bank und das Industrieunternehmen können die 10 Mio. EUR jeweils zu den folgenden Zinssätzen aufgenommen werden:

	i_v	i_f
Bank	EURIBOR + 0,75%	6,5%
Industrieunternehmen	EURIBOR + 1,3%	7,75%

   a) Nennen Sie die Voraussetzungen zum Abschluss einer interest rate swap – Vereinbarung!
   b) Welcher Partner sollte aus Sicht der komparativen Kostenvorteile in welcher Form das Fremdkapital aufnehmen und inwieweit sollten die Zinssätze ausgetauscht werden, wenn der Euribor bei 3,3671% liegt?
   c) Welche Zinsersparnis ergibt sich für die Partner, wenn das Industrieunternehmen einen Aufschlag von 1,1% zahlt?

Aufgabe 5)

Ein Industrieunternehmen und eine Geschäftsbank haben die Möglichkeit, für insgesamt fünf Jahre Fremdkapital zu folgenden Bedingungen aufzunehmen:

	Geschäftsbank	Industrieunternehmen
Festverzinslicher Kredit	8,25%	9,75%
Variabel verzinslicher Kredit	EURIBOR + 0,75%	EURIBOR + 1,25%

Das Industrieunternehmen wünscht einen Festzinssatz und die Geschäftsbank präferiert eine variable Verzinsung.

Prüfen Sie, ob die Bedingungen für die Vereinbarung eines Zinsswaps gegeben sind und ermitteln Sie die Zinseinsparung für beide Unternehmen unter der Bedingung, dass der Euribor bei 3,5% liegt und das Industrieunternehmen an die Bank 9% Zinsen zahlt!

Aufgabe 6)

a) Erläutern Sie die grundlegenden Überlegungen von zwei Unternehmen, welche einen Währungsswap durchführen!
   - Welche Verpflichtungen übernehmen die swap – Partner?
   - Welche Voraussetzungen müssen gegeben sein, so dass für beiden Partner ein vorteilhaftes swap – Geschäft zustande kommt?

b) Ein amerikanisches Unternehmen zahlt für die Begebung einer zehnjährigen Dollaranleihe einen Festzins von 7% p.a., während ein deutsches Unternehmen in den USA für eine Anleihe mit den gleichen Konditionen 7,5°/o zahlen müsste. Auf dem deutschen Kapitalmarkt kann sich das deutsche Unternehmen zu 6,5% finanzieren, während dem amerikanischen Unternehmen 7,8% auferlegt werden.

Erklären Sie die wichtigsten Etappen dieses Währungsswaps und berechnen Sie die Zinsersparnis für beide Unternehmen!

Aufgabe 7)

Ein Unternehmen hat einen Kredit, welcher an den 3 – Monats – Euribor gebunden ist, über 10 Mio. EUR bis zum September laufen. Am 19.3. beginnt die erste Kreditperiode mit einem Zinssatz von 4% (3 – Monats – Euribor) + 2% Aufschlag.
Die nächste Kreditzinsperiode bezieht sich auf die Monate Juni bis September. Die Kreditzinsanpassung findet am 17.6. statt. Der Kredit läuft bis einschließlich 18.9. (92 Tage).

Das Unternehmen möchte sich vor einem Anstieg der Zinsen schützen. Es liegen die folgenden weiteren Informationen vor:

- Preis des Eurex – Dreimonats – Euribor – Future am 19.3.: 95,800
- Future – Abrechnungspreis am 16.6.: 95,050
- Euribor – Fixing (17.6.) für die nächsten 3 Monate: 4,77%.

a) Welche Future – Vereinbarung müsste das Unternehmen abschließen?
b) Auf wie viele Eurex – Dreimonats – Euribor – Future – Kontrakte müsste sich die Vereinbarung beziehen?
c) Welches Gesamtergebnis erzielt das Unternehmen für die Kreditperiode Mitte Juni bis Mitte September?
d) Welcher Zinssatz ergibt sich für das Unternehmen in dieser Periode?

Aufgabe 8)

Ein Unternehmen plante Mitte März, am 5. Juni einen Betrag von 15 Mio. EUR in Bundesanleihen zu investieren und rechnete mit einer sinkenden Rendite. Es liegen noch folgende Informationen vor:
   - 15.3.: Anleihekurs: 100.40
   Preis Bund – Future: 101,47

- 5.6.: Anleihekurs: 101,80
Preis Bund-Future: 102,75

a) Welche Vereinbarung hinsichtlich des Bund – Futures müsste das Unternehmen anstreben?
b) Auf wie viele Kontrakte müsste sich die Vereinbarung beziehen?
c) Welches Gesamtergebnis erzielt das Unternehmen am 5.6. aus der Kassa- und der Future – Position, wenn dann eine Glattstellung erfolgt?

Aufgabe 9)

Eine in 6 Monaten fällige Forderung von 1,6281 Mio. US - $ ist gegen eine $ - Abwertung zu sichern. Der gegenwärtige Wechselkurs beträgt 1 US-$ = 0,9213 EUR bzw. 1 EUR = 1,0854 US-$.

a) Welcher currency – future ist abzuschließen?
b) Ermitteln Sie unter den Bedingungen aus a) und hinsichtlich der Forderung und der Euro – Future – Kontrakte den Verlust bzw. Gewinn, wenn in 6 Monaten ein Wechselkurs von 1 US-$ = 0,8613 EUR bestehen wird!

Aufgabe 10)

Ein deutsches Unternehmen hat am 1. Mai eine Verbindlichkeit von 18,9 Mio. US-$ gegenüber einem US – Exporteur. Die Verbindlichkeit wird am 1.8. fällig. Der gegenwärtige Wechselkurs beträgt 1 US-$ = 0,8913 EUR bzw. 1 EUR = 1,1220 US-$.
Die bestehende Forderung ist gegen eine US-$ - Aufwertung abzusichern.

a) Welche Art Hedging sollte angestrebt werden?
b) Wie viele Kontrakte müssen vereinbart werden?
c) Welche Auswirkungen ergeben sich hinsichtlich der Verbindlichkeit und des currency futures, wenn am 1.8. ein Wechselkurs von 1 US-$ = 0,9411 EUR bzw. 1 EUR = 1,0626 US-$ zu verzeichnen ist?
d) Welche Entwicklung vollzieht sich auf den Margin – Konten beim Clearinghaus für den Käufer und den Verkäufer der Kontrakte?

Aufgabe 11)

Es wird unterstellt, dass Sie am 10.04.2003 an der Frankfurter Terminbörse eine Kaufoption in Aktien mit Verfalldatum 18.07.2003 zu einem Optionspreis von 11 EUR mit einem Basispreis von 104 EUR für 50 Aktien abschließen.

   a) Welche Rechte erwerben Sie mit dem Kauf einer Kaufoption?
   b) Welchen Zweck verfolgen Käufer und Verkäufer einer Kaufoption?
   c) Wie muss sich der Kurs der Aktie innerhalb der Optionsfrist (unter Vernachlässigung weiterer Kosten) entwickeln, so dass Sie sich:
             - in der Gewinnzone,
             - in der Zone des auf den Optionspreis begrenzten Verlustes

bewegen?

Welcher Verlust bzw. Erfolg würde für Sie bei Ausübung bzw. Nichtausübung des Optionsgeschäftes eintreten, wenn der Kurs der Aktie sich wie folgt entwickelt, Transaktionskosten von 1,33% vom Kurswert der Aktien beim Ankauf bzw. Verkauf zu berücksichtigen sind und die Bankenprovision 1 6 je Aktie beträgt?

Datum	14.05	10.06	14.07.
Tageskurs in EUR	95	108	120

Aufgabe 12)

Unter den folgenden Bedingungen kommt es zum Kauf einer Verkaufsoption in Aktien:

- Anzahl der Aktien: 50 Stück
- Optionspreis: 4,50 EUR
- Basispreis: 69,30 EUR
- Prozentsatz für die Transaktionskosten beim Ankauf und Verkauf der Aktien: 1,33%
- Optionsfrist: 20.3. bis 15.10.
- Bankenprovision: 0,50 EUR je Aktie

   a) Bestimmen Sie den Gewinn bzw. Verlust je Aktie, wenn der Käufer der Verkaufsoption am 19.9. das Optionsgeschäft realisieren würde und der Börsenkurs der Aktie bei 66 EUR liegt!
   b) Auf welches Niveau müsste der aktuelle Aktienkurs fallen, so dass der Käufer keinen Verlust und keinen Gewinn macht?
   c) Erläutern Sie die Auswirkungen auf den Stillhalter in Geld hinsichtlich des Gewinns bzw. Verlustes je Aktie, wenn der aktuelle Börsenkurs 60,30 EUR, 64,80 EUR, 69,30 EUR, 73,80 EUR, 78,30 EUR betragen würde!

Aufgabe 13)

Ein Käufer und ein Stillhalter in Geld schließen ein Optionsgeschäft in Aktien unter den folgenden Bedingungen ab:

- Anzahl der Aktien:	150 Stück
- Abschluss der Verkaufsoption:	10.02.
- Ende der Optionsfrist:	18.07.
- Basispreis:	152 EUR je Aktie
- Optionspreis:	8 EUR
- Prozentsatz der Transaktionskosten beim Kauf und Verkauf der Aktien:	1%
- Bankenprovision:	0,50 EUR je Aktie

a) Ermitteln Sie den Gewinn bzw. Verlust je Aktie, wenn der Käufer der Verkaufsoption am 10.06. das Optionsgeschäft realisiert und der Börsenkurs der Aktie bei 143 EUR liegt!

b) Stellen Sie grafisch dar, welchen Gewinn bzw. Verlust je Aktie der Stillhalter in Geld bei einem Börsenkurs der Aktie von 136 EUR, 144 EUR, 152 EUR, 160 EUR und 168 EUR erzielt!

Aufgabe 14)

Von einem Emittenten wird ein Call – Aktienoptionsschein unter den folgenden Bedingungen emittiert:

- Emissionsdatum:	1.1.03
- Laufzeit:	1.3.04
- Emissionspreis:	0,41 EUR
- Basispreis:	48 EUR
- Optionsverhältnis:	10 : 1 bzw. 0,1

Folgende Ergebnisse konnten zu verschiedenen Zeitpunkten festgestellt werden:

Kurs der Aktie in EUR	40	44	48	50
Kurs des Optionsscheins in EUR	0,25	0,35	0,48	0,56

a) Ermitteln Sie für obige Bedingungen jeweils

- den inneren Wert,
- den Zeitwert,
- die Prämie und
- den Hebel

des Call – Optionsscheins!

b) Bei welchen Aktienkursen befand sich der Call – Optionsschein „out off the money", „at the money" und „in the money"? Stellen Sie das entsprechende Diagramm her!

c) Zeigen Sie Handlungsstrategien für den Käufer der Optionsscheine und bestimmen Sie die jeweilige Rendite!

Lösungen Investition und Finanzierung IV

Aufgabe 1)

a) Vergleich Floating Rate Note vs. Cap – Anleihe

Zinskosten für die Festzinssatzanleihe

$$Z_F = \sum_{t=1}^{10} Z_t = \sum_{t=1}^{10} Anleihebetrag_t * 0,0545 = 545 \ \text{TEUR}$$

Zinskosten der Floating Rate Note / Cap Floater

Zeitpunkt	Zinsen (in TEUR)		Zeitpunkt	Zinsen (in TEUR)	
	FRN[1]	Cap Floater[2]		FRN	Cap Floater
01.01.00	12,75	15,25	01.01.05	40,00	29,75
30.06.00	10,00	12,50	30.06.05	32,50	29,75
01.01.01	9,00	11,50	01.01.06	24,00	26,50
30.06.01	5,50	8,00	30.06.06	15,00	17,50
01.01.02	12,75	15,25	01.01.07	15,00	17,50
30.06.02	17,50	20,00	30.06.07	21,50	24,00
01.01.03	31,00	29,75	01.01.08	21,50	24,00
30.06.03	35,00	29,75	30.06.08	17,50	20,00
01.01.04	38,50	29,75	01.01.09	13,50	16,00
30.06.04	55,00	29,75	30.06.09	13,50	16,00
Summe			Summe	441,00	422,50

[1])
$$\frac{1,0 Mio. * 2,55\%}{2}$$ (Durch zwei dividieren, da nur für ein halbes Jahr gerechnet wird.)

[2])
$$\frac{1 Mio. * (2,55 + 0,5)}{2}$$

Das Unternehmen sollte den Cap Floater wählen, da dieser zu den geringsten Zinsen führt.

Aufgabe 2)

EURIBOR	0,0	1,0	3,0	5,0	7,0	11,0
Zinszahlung ohne Floor	0,0	1,0	3,0	5,0	7,0	11,0
Zinszahlung mit Floor	4,0	4,0	4,0	4,0	6,0	10,0

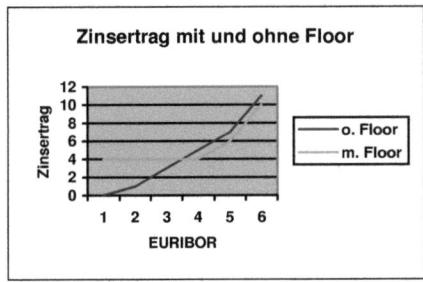

Aufgabe 3)

a) Auszahlungsbetrag

$$\text{Auszahlungsbetrag} = \frac{100.000 \text{ EUR}}{(1+0,0575)^{10}} = 57.173,69 \text{ EUR}$$

b1) Kurswert nach 4 Jahren bei Zinssatz von 5,15 %

$$\text{Kurswert} = \frac{100.000 \text{ EUR}}{1,0515^6} = 73.985,11 \text{ EUR}$$

b2) Kurswert bei unverändertem Zinssatz

Erläuterung: Wenn nach 4 Jahren gekauft wird und der Zins unverändert bleibt, ist ein Betrag von 71.501,93 EUR zu zahlen, um im 10. Jahr 100 TEUR als Rückzahlungsbetrag zu erhalten.

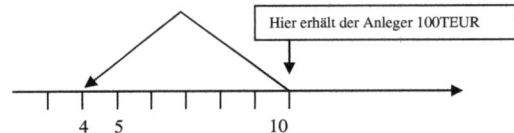

Hier erhält der Anleger 100TEUR

4   5   10

$$\frac{100.000 \text{ EUR}}{1,0575^6} = 71.501,93 \text{ EUR}$$

c) Kursgewinn

Kursgewinn = b1) – b2) = 2.485 EUR

d) Kursvolatilität

$$\frac{73.986}{71.501} - 1 * 100 = 3,48\%$$

Fällt der Marktzins von 5,75 % auf 5,15 % (also um 0,6 %), so steigt der Kurswert des Zerobonds um 3,48 %.

e) steuerlicher Ertrag

= 10.072,61 EUR

Aufgabe 4)

a) Voraussetzungen

– beide Partner benötigen Fremdkapital
– beide Partner haben unterschiedliche Vorstellungen und erzielen unterschiedliche Zinsvorteile
– Voraussetzung dafür ist:
   o beide Partner besitzen eine unterschiedliche Bonität und eine Differenz innerhalb ihrer Zinssätze
   o beide Partner benötigen den gleichen Betrag an Fremdkapital

b) Ermittlung der komparativen Kostenvorteile

$$\left(i_U^f - i_B^f\right) > \left(i_U^v - i_B^v\right)$$
$$(1,25) > (0,55)$$

i_f:

Bank:	6,5 % / 4,1171 [3,3671 + 0,75]	= 1,579	(Bei den fixen Zinssätzen komp. Kostenvorteil.)
Unternehmen:	7,75 / 4,6671	= 1,661	

i_v:

Bank:	4,1171 / 6,5	= 0,6334	
Unternehmen:	4,6671 / 7,75	= 0,6022	(Bei den var. Zinssätzen komp. Kostenvorteil.)

c) Zinsersparnis

Die Bank ist an einer variablen Verzinsung interessiert, nimmt aus Gründen der komparativen Kostenvorteile jedoch die festverzinsliche Anlage in kauf. Für das Industrieunternehmen gilt der umgekehrte Fall.

	Bank (i_f)		Unternehmen (i_v)
Zinskosten für Festzinssatz	6,50%	Zinskosten für variable Zinssatz	- (EURIBOR + 1,3 %)
Swap inflow	(6,5 % + 1,1 %) 7,6 %	Swap inflow	EURIBOR + 1,3 %
Swap outflow	- (EURIBOR + 1,3 %)	Swap outflow	(6,5 % + 1,1 %) - 7,6 %
Nettokosten	- (EURIBOR + 0,2)	Nettokosten	-7,60%
Kosten ohne Swap	- (EURIBOR + 0,75 %)	Kosten ohne Swap	-7,75%
Zinsersparnis	0,55%	Zinsersparnis	0,15%

Gesamtzinsersparnis = 0,7 %.

Aufgabe 5)

$$\left(i_U^f - i_B^f\right) > \left(i_U^v - i_B^v\right)$$
$$\left(1,5\right) > \left(0,5\right)$$

i_f:

Bank:	8,25 % / 4,25 % [3,5 + 0,75]	= 1,941	(Bei den fixen Zinssätzen komp. Kostenvorteil.)
Unternehmen:	9,75 / 4,75 [3,5 + 1,25]	= 2,053	

i_v:

Bank:	4,25 % [3,5 + 0,75] / 8,25	= 0,515	
Unternehmen:	4,75 [3,5 + 1,25] / 9,75	= 0,487	(Bei den var. Zinssätzen komp. Kostenvorteil.)

Die Bedingungen für die Vereinbarung eines Zinsswaps sind somit gegeben, wobei für beide Partner eine Zinsersparnis von insgesamt 1,0 % möglich ist.

	Bank (i_f)		Unternehmen (i_v)
Zinskosten für Festzinssatz	-8,25%	Zinskosten für variable Zinssatz	- (EURIBOR + 1,25 %)
Swap inflow	9,00%	Swap inflow	EURIBOR + 1,25 %
Swap outflow	- (EURIBOR + 1,25 %)	Swap outflow	-9,00%
Nettokosten	- (EURIBOR + 0,5)	Nettokosten	-9,00%
Kosten ohne Swap	- (EURIBOR + 0,75 %)	Kosten ohne Swap	-9,75%
Zinsersparnis	0,25%	Zinsersparnis	0,75%

Gesamtzinsersparnis = 1,0 %.

Aufgabe 6)

a) Grundlegende Überlegungen

– Senkung der Kapitalkosten
– Ausschaltung des Wechselkursrisikos

Verpflichtungen der Swappartner / Etappen des Währungsswapgeschäftes:
⓪ Emission der Anleihen durch die Unternehmen am Heimatkapitalmarkt.
① Austausch der Währungen
② während der Laufzeit ==> Austausch der Zinsverpflichtungen
③ Rücktausch der Währungen zum ursprünglichen Wechselkurs

Voraussetzungen:

Die Partner müssen hinsichtlich folgender Kriterien gleiche Vorstellungen besitzen:
– Währungsvolumen
– Laufzeit der Anleihe
– Art der Zinssätze

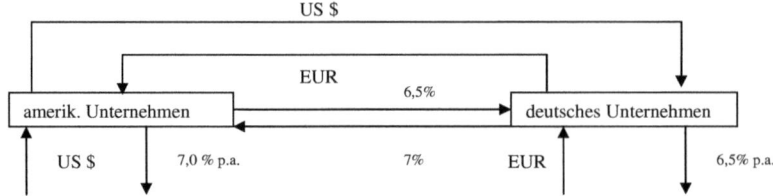

Zinsersparnis

	deut. Unternehmen		US-Unternehmen
Zinskosten	-6,50%	Zinskosten	-7,00%
Swap inflow	6,50%	Swap inflow	7,00%
Swap outflow	-7,00%	Swap outflow	-6,50%
Nettokosten	7,00%	Nettokosten	6,50%
Kosten ohne Swap	-7,50%	Kosten ohne Swap	-7,80%
Zinsersparnis	0,50%	Zinsersparnis	1,30%

Aufgabe 7)

a) Welche Future – Vereinbarung müsste das Unternehmen anschließen?

–   Kredit stellt für das Unternehmen eine Verbindlichkeit dar
–   vor den ungünstigen Zinsentwicklungen schützt sich das Unternehmen durch short hedge Strategie
–   in der Zukunft steigende Zinsen führt zu einem sinkenden Futurpreis
–   Das Unternehmen sollte short hedge eingehen, d.h. das Unternehmen trifft über ein Clearing – House – Mitglied die Vereinbarung in Zukunft eine bestimmte Anzahl an Kontrakten zu einem bestimmten vereinbarten Futurepreis, welcher bei Abschluss vereinbart wird, zu verkaufen.
–   das Unternehmen stellt in Zukunft den Verkäufer im Rahmen dieses Futuregeschäfts dar, wobei das Unternehmen zum vereinbarten Futurepreis verkauft und sein Partner kauft
–   der Partner geht dem zufolge eine long hedge Strategie ein

b) Anzahl der Future - Kontrakte

$$\text{Hedge Ratio} = \frac{\text{Kassaposition}}{\text{Kontraktwert}} = \frac{10 \,\text{Mio EUR}}{1 \,\text{Mio EUR}} = 10 \,\text{Kontrakte}$$

Das Unternehmen müsste die zu treffende Vereinbarung über 10 Kontrakte schließen.

c) Gesamtergebnis für das Unternehmen in monetärer Hinsicht (Juni – September)

–   zu zahlende Zinsen – Auswirkungen ohne den 3 – Monats – EURIBOR – Future:

$$= 10 \,\text{Mio EUR} * 6,77\% * \frac{92 \,\text{Tage}}{360 \,\text{Tage}} = 173.011,10 \,\text{EUR}$$

Zinsen bei gleichem EURIBOR = 153.334 EUR (mit 6 % verzinst).

Durch den Vergleich der beiden Zinsbelastungen kann festgestellt werden, dass das Unternehmen ohne Schutzmechanismen mehr Zinsen zu zahlen hätte.

–   Auswirkungen in Verbindung mit dem 3 – Monats – EURIBOR – Future:

$$= 95,800 - 95,050 = 0,75$$

$(0,01 / 2 = 0,75 / x)$ ➜ 150 Ticks $(0,01 \% = \text{minimale Kursänderung} = 2 \,\text{Ticks})$

1 Tick = 12,50 EUR

150 Ticks * 12,50 EUR * 10 Kontrakte = 18.750 EUR

(Dieser Betrag kann auf dem Margin – Konto des Unternehmens gutgeschrieben werden.)

Gesamtergebnis:

- 173.011,10 EUR + 18.750 EUR = - 154.261,10 EUR ➔ Gesamtauszahlung für das Unternehmen.

Im Gegensatz zur Zinsentwicklung ohne Futureabsicherung musste das Unternehmen 18.750 EUR weniger Zinsen zahlen.

Es ist dem Unternehmen nahezu perfekt gelungen, die ungünstige Zinsentwicklungen durch die short – hedge – Strategie auszugleichen.

d) Neuer Zinssatz für das Unternehmen von Juni – September:

$$\text{Neuer Zinssatz} = \frac{154.261,10\,\text{EUR} * 100 * 360}{10\,\text{Mio EUR} * 92} \approx 6,04\%$$

Aufgabe 8)

a) Vereinbarung für das Unternehmen

Prinzipieller Auswirkung für das Unternehmen bei sinkender Rendite:
– steigende Kurse der Bundesanleihe ➔ mehr monetäre Mittel müssen zum Erwerb der Anleihe eingesetzt werden, wovor sich das Unternehmen schützen möchte
Maßnahmen:
– Vereinbarungen in Bezug auf den Bund – Future abschließen

Anstrebenswerte Vereinbarungen für das Unternehmen:
– Unternehmen sollte eine long hedge Strategie mit dem Kauf von Bundfuturkontrakten anstreben, da die steigenden Futurekontrakte die fallende Rendite ausgleichen

b) Anzahl der einzubeziehenden Kontrakte

$$\frac{15\,\text{Mio EUR (Emissionsvolumen)}}{100.000\,\text{EUR (Nennwert des Futures)}} = 150\,\text{Kontrakte}$$

c) Gesamtergebnis am 5.6. aus der Kassa- und der Future – Position:

Kassaposition – Auswirkungen bei sinkenden Renditen ohne Future:

– 15.03. Kauf der Bundesanleihe:
  o zu einem Kurs von 100,40 % = 15,06 Mio. EUR ➔ fiktive Betrachtungsweise.
– 05.06. Kauf der Bundesanleihen:
  o zu einem Kurs von 101,8 % = 15,27 Mio. EUR
– Mehraufwand durch die Kurssteigerung bzw. den Renditefall = 210.000 EUR

Futureposition – Auswirkungen bei sinkenden Renditen mit Future:

Vereinbarung einer long – hedge – Strategie (Kauf von 150 Kontrakten)
– 05.06.:
  o 102,75 – 101,42 = 1,33
  o entspricht 133 Ticks, da 0,01 = 1 Tick
  o 1 Tick = 10 EUR, so dass sich folgendes ergibt:
  o 133 Ticks * 10 EUR / Tick * 150 Kontrakte = 199.500 EUR
  199.500 EUR Gewinn durch den Futurehandel.

Gesamtergebnis:

Mehraufwand = -210.000 EUR + 199.500 EUR = 10.500 EUR (verbleibender Mehraufwand)

Es liegt ein nahezu perfektes Hedging vor, da Anlage und Futurekontrakte sich fast umgekehrt proportional zueinander verhalten haben.

Aufgabe 9)

Das Unternehmen erwartet eine US $ - Abwertung bzw. eine EUR – Aufwertung. Es möchte sich durch einen currency – Future vor einer ungünstigen $ - Entwicklung schützen.

a) Art des abzuschließenden currency - Futures

Das Unternehmen sollte bestrebt sein, eine bestimmte Anzahl von EUR – Future – Kontrakten zu vereinbaren, um in Zukunft zu kaufen ➔ going long hedge

Das Unternehmen müsste 12 Kontrakte erwerben:

$$\text{Anzahl der Kontrakte} = \frac{\text{Forderung} * \text{Wechselkurs}}{125.000} = \frac{1,6281\,\text{Mio.}\,\$*0,9213\,\text{EUR/\$}}{125.000} \approx 12$$

Durch diese Kontrakte ist es dem Unternehmen möglich, in Zukunft zu dem bisherigen vorteilhaften Wechselkursverhältnis Dollar in Euro zu tauschen.

b) Gewinn / Verlust der Forderung / Future - Kontrakte

1 US $ = 0,8613 EUR

Situation in Bezug auf die Forderung:

Nach 6 Monaten trat das vom Unternehmen erwartete ein: $ - Abwertung / EUR – Aufwertung
Bei einem Wechselkurs von 1 $ = 0,9213 EUR (= Ausgangsituation) entsteht eine Forderung von ca. 1,5 Mio. EUR

Da die Zahlung erst zum Kurs von 1 $ = 0,8613 EUR 6 Monate später erfolgte, resultiert daraus eine EUR – Forderungsbestand von 1,402 Mio. EUR. (Wenn das Unternehmen sich nicht abgesichert hätte)

Verlust:

	1,5	Mio. EUR	
	1,402	Mio. EUR	
=	0,098	Mio. EUR	(Verlust des Exporteurs ohne Absicherung)

Situation in Bezug auf die Future – Kontrakte:

Alter Wechselkurs:	1 $ = 0,9213 EUR	oder	1 EUR = 1,0854 $
Neuer Wechselkurs:	1 $ = 0,8613 EUR	oder	1 EUR = 1,16104 $

Daraus ermittelt sich eine Wechselkursdifferenz von 0,0756 $ (1,16104 – 1,0854)

0,0756 $ /EUR * 12 Kontrakte * 125.000 EUR = 113.400 $
Umrechnung zum aktuellen Wechselkurs: 1 $ = 0,8613 EUR ➔ 113.400 $ ➔ 0,098 Mio. EUR

Auf dem Marginkonto des Unternehmens können so ca. 0,098 Mio. EUR gutgeschrieben werden. Aus diesem Absicherungsvorgang ist ein perfektes Hedging abzuleiten, da der Kursverlust auf der einen Seite komplett durch Kursgewinne auf der anderen Seite kompensiert werden.

Aufgabe 10)

a) Art des Hedging

Es sollte eine short – hedging – Strategie angewandt werden, da Passivposten gegen Wechselkursverluste abzusichern sind bzw. eine EUR – Verbindlichkeit gegen eine Dollaraufwertung.

b) Anzahl der Kontrakte

18,9 Mio. $ * 0,8913 EUR / $ = 16,84557 Mio. EUR

1 EUR – Future – Kontrakt = 125.000 EUR

16,84557 Mio. EUR / 125.000 EUR = 134,76 Kontrakte ➔ 135 EUR – Future – Kontrakte

Das Unternehmen erhält somit die Möglichkeit am 01.08. 135 EUR – Future – Kontrakte zum Wechselkurs des 01.05. zu verkaufen.

c) Auswirkungen am 01.08.

Situation bezogen auf die Verbindlichkeit:

01.05. ➔ 1 $ = 0,8913 EUR: Höhe der Verbindlichkeit: 16,846 Mio. EUR
01.08. ➔ 1 $ = 0,9411 EUR: Höhe der Verbindlichkeit: 17,787 Mio. EUR
(Ohne Schutz)   Verlust = 0,941 Mio. EUR

Das Unternehmen müsste ohne currency – Future ca. 941.000 EUR mehr an Verbindlichkeiten bezahlen.

Situation bezogen auf den Future:

Ermittlung der Währungsdifferenz:

01.05.: 1 EUR = 1,1220 $
01.08.: 1 EUR = 1,0626 $

Differenz beträgt: 0,0594 $

Gutschrift auf dem Marginkonto des Unternehmens:

0,0594 $ / EUR * 135 Kontrakte * 125.000 EUR = 1,002 Mio. $ (genau: 1.002.375)

Umrechnung zum aktuellen Wechselkurs:

1,002 Mio. $ * 0,9411 EUR / $ = 943.335 EUR   (Gewinn auf Futurekontrakte)

Ermittlung des Gesamtgewinns /~verlusts:

Gewinn aus Futurgeschäft:	943.335 EUR
Verlust aus Verbindlichkeit:	941.000 EUR
Gesamtgewinn:	2.335 EUR

Der nächste Fälligkeitstermin für die 135 Kontrakte ist der 3. Freitag im September = nach 7 Wochen ab dem 01.08.

Zwischen dem 01.08. und dem 3. Freitag im September liegen noch 7 Wochen. Um ungünstigen Situationen bis dahin aus dem Weg zu gehen, geht das Unternehmen genau die Gegenposition zur bisherigen Position ein, indem es long – hedge geht, ein. Dadurch kommt es zum sogenannten „Glattstellen" Durch das Glattstellen wird das bisherige Wechselkursrisiko für das Unternehmen vollständig beseitigt, da durch die long – hedge Position am 01.08. 135 Kontrakte zum EUR / $ Kurs des 01.08. in der Zukunft gekauft werden können.

d) Entwicklung des Margin – Kontos für Käufer und Verkäufer

		Kontostand in EUR	Gewinn / Verlust
Initial Margin (2% bei 135 Kontrakten zu je 125 TEUR		337.500	
01.05.	1 $ = 0,8913 EUR 1 € = 1,1220 $	337.500	
10.06. (Unterstellung)	1 $ = 0,9126 EUR 1 € = 1,0957 $ ($ - Aufwertung)	337.500 +405.023	742.523
03.07. (Unterstellung)	1 $ = 0,8817 EUR 1 € = 1,1342 $ ($ - Abwertung)	337.500 ./. 181.520	155.980
01.08.	1 $ = 0,9411 EUR 1 € = 1,0626 $ ($ - Aufwertung)	337.500 +943.335	1.280.835
01.08. Zusätzliche Vereinbarung über den Kauf von 135 Kontrakten, da der Fälligkeitstermin erst am 3. Freitag des Septembers liegt. Dadurch kommt es zum Glattstellung und somit zur frühzeitigen Beendigung des Geschäftes.			

Aufgabe 11)

a) Rechte durch eine Option

Die Option verkörpert das Recht eine bestimmte Menge eines Basiswertes zu einem bestimmten Basispreis zu einem bestimmten Zeitpunkt oder innerhalb eines bestimmten Zeitraums zu kaufen.

b) Zweckverfolgung für:
Käufer:
- Spekulation
- Absicherung gegen ungünstige Aktien- oder Zinssituationen
- ... (siehe Skript)

Verkäufer:
- entsprechend, siehe Skript

c) Kursentwicklung für:
Gewinnzone:
– ohne Berücksichtigung von Transaktionskosten

$$KA > BP + OP$$

KA....aktueller Kurs der Aktie
BP...Basispreis
OP...Optionspreis

– mit Transaktionskosten

$$KA > BP + OP + TK_0 + TK_A$$

TK_0 ...Kosten bei Abschluss
TK_A ...Kosten bei An- oder Verkauf

Auf Optionspreis begrenzter Verlust:

-   ohne Transaktionskosten

$$KA - BP = OP$$

-   mit Transaktionskosten

$$KA - BP - TK_0 - TK_A = OP$$

Summe der Optionskosten bei Abschluss des Optionsgeschäftes:

$$\sum OP + \sum Bankspesen = (11\,EUR * 50\,Aktien) + 1\,EUR\,/Aktie$$
$$= 550\,EUR + 50\,EUSR = 600\,EUR$$

Situationen:

	14.05.	10.06.	14.07.
KA	94,00 €	108,00 €	120,00 €
OP	- 600,00 €	- 600,00 €	- 600,00 €
Ankauf der vereinbarten 50 Aktien	- 5.200,00 €	- 5.200,00 €	- 5.200,00 €
	(50*104 €)		
TK$_{Ankauf}$	- 69,16 €	- 69,16 €	- 69,16 €
	(1,33% v. 5.200 €)		
Verkauf der Aktien zum obigen Preis	4700	5400	6000
	(50*94 €)		
TK$_{Verkauf}$	-62,51	-71,82	-79,8
	(1,33% v. 4.700 €)		
Gewinn / Verlust	- 1.231,67 €	- 540,98 €	51,04 €

Situation zum 14.05.:

Der Verlust wird durch die Inanspruchnahme des Optionsrechtes noch größer als er ohnehin schon ist. Das Optionsgeschäft sollte daher nicht eingegangen werden.

Situation zum 10.06.:

Das Optionsgeschäft sollte realisiert werden, da die Optionskosten dadurch auf 541 EUR gemindert werden.

Situation zum 14.07.:

In dieser Situation sollte das Optionsgeschäft auf jeden Fall realisiert werden, da hier nicht nur die Optionskosten kompensiert werden, sondern darüber hinaus noch ein Gesamtgewinn aus diesem Geschäft erwirtschaftet wird.

Aufgabe 12)

a) Bestimmung des Gewinns / Verlustes

Auszahlung je Aktie:

$$KA + OP + TK_0 + TK_{Kauf} + TK_{Verkauf}$$
$$= 66\,€ + 4,50\,€ + 0,50\,€ + 0,89\,€ + 0,92\,€ = 72,81\,€$$

72,81 € (Auszahlungen) > 69,30 € (Einzahlungen)
Verlust je Aktie: 3,51 €

Ergebnis: Das Optionsgeschäft sollte realisiert werden, da ohne die Inanspruchnahme des Geschäftes der Verlust / Aktie bei 5 € liegen würde.

b) Break - even

Ausgaben = Einnahmen

$BP = KA + OP + TK_0 + TK_{Kauf} + TK_{Verkauf}$ (Umstellen nach KA!)

$KA = 69,30 € - 4,50 € - 0,50 € - (1,33\%*KA) – (0,0133*BP)$
$KA = 62,55 €$

c) Auswirkungen auf den Stillhalter in Geld

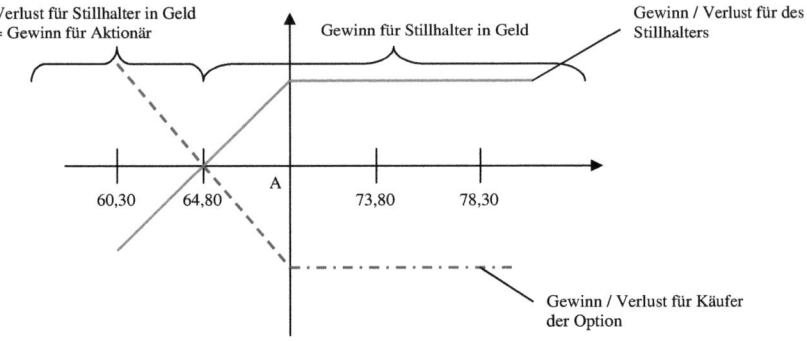

Stillhalter:

Der Stillhalter würde die Aktie für 64,80 EUR erwerben und müsste sie für 69,30 EUR veräußern. Zu dem erhält er jedoch noch die 4,50 EUR / Aktie Optionskosten, so dass sein Gewinn auf 0 EUR steigt.

Aufgabe 13)

a) Gewinn / Verlust je Aktie

Einzahlungen / Auszahlungen

$BP = KA + OP + TK_0 + TK_{Kauf} + TK_{Verkauf}$

$152 € = 143 € + 8 € + 0,50 € + 1,43 € + 1,52 €$
$152 € < 154,45 €$

Verlust je Aktie: 2,45 €

Realisierung der Option, da ohne Realisierung ein Verlust von 8,50 € (8 € + 0,50 €) entstanden wäre.

b) grafische Darstellung

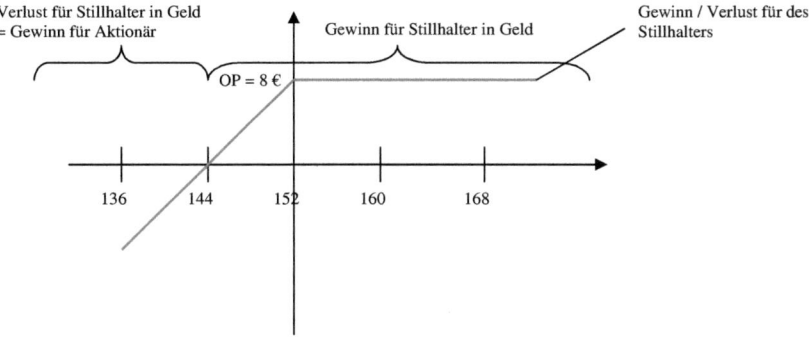

Aufgabe 14)
a)

KA = Kurs der Aktie (in €)	40	44	48	50
Kurs des Optionsscheins	0,25	0,35	0,48	0,56
innere Wert (KA – BP) * V	0 (40 – 48)*0,1	0 (44 – 48)*0,1	0 (48 – 48)*0,1	0,2 (50 – 48)*0,1
Zeitwert (OSP – innere Wert)	0,25	0,35	0,48	0,36 (0,56 – 0,2)
Prämie (Zeitwert / KA)*100	0,625%	0,780%	1%	0,72%
Hebel[1] $\dfrac{KA}{OSP}$ V	16% $\dfrac{40€}{0,25€}$ 0,1	12,57%	10%	8,93%

[1]) Der Anstieg des aktuellen Kurses um 1% führt zu einem Anstieg des Optionspreises um 16%. Es handelt sich um eine positive Hebelwirkung i.V.m. dem Call – Optionsschein.

b)

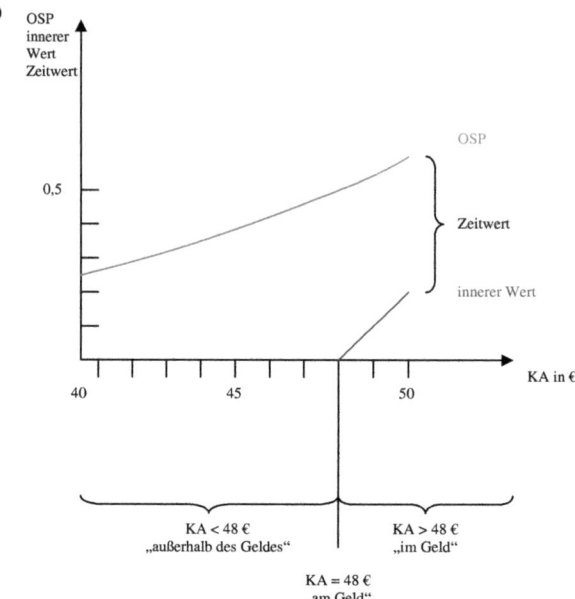

Der Zeitwert ist die Differenz zwischen Optionsscheinpreis und dem inneren Wert. Er drückt die Zahlungsbereitschaft der Anleger in der Hoffnung steigender Kurse aus.

c)
Handlungsstrategien für den Käufer der Optionsscheine und Rendite:
c1)
Der Anleger kauft Optionsscheine in der Erwartung, dass diese in Zukunft teurer werden, so dass er Gewinnbringend die Optionsscheine wieder veräußern kann.

Beispiel 1:
Kauf des OS zu 0,25 €
Verkauf des OS bei 0,56 €
Erzielte Rendite:

$$\frac{OSP_1 - OSP_0}{OSP_0} \times 100 = \frac{0{,}56€ - 0{,}25€}{0{,}25€} \times 100 = 124\%$$

Beispiel 2:
Kauf zu 0,35€
Verkauf zu 0,56 €
Rendite = 60%

c2)
Kauf des OS zu 0,25 €
Kauf einer Aktie vom Emittenten zum Basispreis und Verkauf der Aktie zum Aktuellen Kurs

$$Rendite = \frac{KA}{BP + V * OSP} = \frac{50€}{48€ + 1{,}0 * 0{,}25} = \frac{50€}{50{,}50€} * 100 = Verlust\ von\ 1\%$$